24,80 90760

9783884722909
D1667945

# Ich sehe was, was Du nicht siehst

*Für Chloe*
R. T.

*Für Carol*
C. M.

*Ein herzliches Dankeschön an Richard Hamilton
für seinen Beitrag zu der Geschichte*

Aus dem Englischen übersetzt von
Bruno von der Haar
Korrektur: Silvia Rehder
Umschlaggestaltung: Horst Bätz
Herstellung: Dieter Lidl
Satz: Satz & Repro Grieb, München

Copyright © 1995 der deutschsprachigen Ausgabe
by Christian Verlag, München
Die Originalausgabe mit dem Titel *Eye see, do you see?*
erscheint gleichzeitig im Verlag Orchard Books, London
Copyright © 1995 Thumbprint Books and
Duncan Baird Publishers
Copyright © 1995 für den Text by Thumbprint Books
Copyright © 1995 für die Illustrationen by Chris McEwan

Printed in China.
Alle deutschsprachigen Rechte vorbehalten
ISBN 3-88472-290-5

# Ich sehe was, was Du nicht siehst

Abenteuer im Land der Illusion

Ruth Thomson
Illustrationen von Chris McEwan

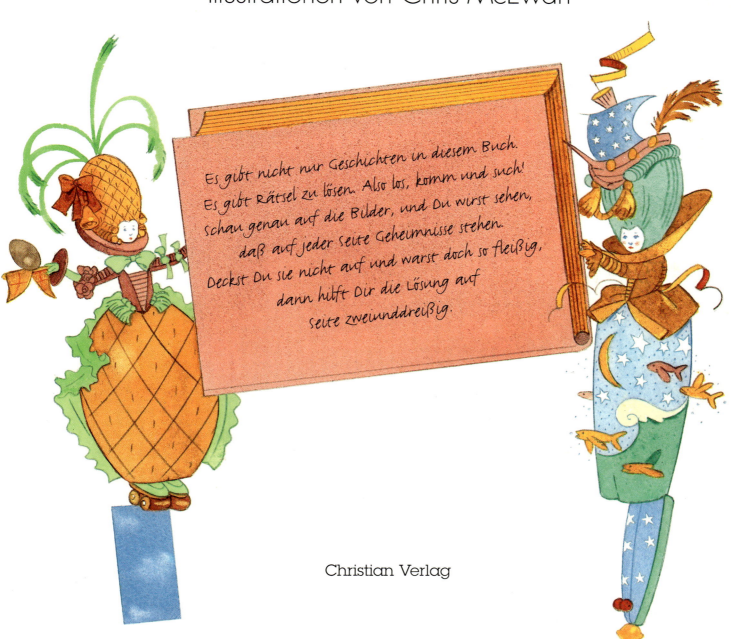

Es gibt nicht nur Geschichten in diesem Buch.
Es gibt Rätsel zu lösen. Also los, komm und such!
Schau genau auf die Bilder, und Du wirst sehen,
daß auf jeder Seite Geheimnisse stehen.
Deckst Du sie nicht auf und warst doch so fleißig,
dann hilft Dir die Lösung auf
Seite zweiunddreißig.

Christian Verlag

# Weit, weit

hinter den nebligen, düsteren Bergen, wo der Regenbogen endet, liegt das Land der Illusionen.

Hier wird das Unmögliche möglich, das Unwirkliche wirklich, und das Unterste-nach-oben und das Innerste-nach-außen werden zum Obersten-nach-innen und zum Äußersten-nach-unten. Dieses entrückte Land des Zaubers wurde einst beherrscht von Tsaubaloga, dem Großmeister der Illusion, dem begnadetsten Zauberer, den es je gab.

Doch auch Zauberer werden einmal alt, und mit den Jahren begannen Tsaubalogas Kräfte zu erlahmen. Nun brauchte er jemand, der an seine Stelle treten könnte, würden doch sonst alle seine wundersamen Zaubereien für immer verlorengehen. Doch wie sollte er jemanden finden, der gescheit genug war, um von ihm den Mantel der Illusion, die Quelle all seiner magischen Kräfte, zu erben?

Tage und Nächte wanderte Tsaubaloga in seinem Thronsaal auf und ab und erdachte eine schwere Prüfung, die nur die allerklügsten Zauberer würden bestehen können. Und dann sandte er weit und breit seine Wächter aus, die überall im Land eine Proklamation aushängten.

## An alle Zauberer!

ICH, Tsaubaloga, Großmeister der Illusion, suche meinen Nachfolger.
Wer als erster meine Neun Aufgaben besteht und den Weg zu meinem Palast findet, erringt den Mantel der Illusion und erlangt alle meine Kräfte.

<u>Warnung!</u> Wer es nicht schafft, wird auf zwanzig Jahre im Käfig der Illusion eingekerkert.

Diese Bekanntmachung erregte mächtiges Aufsehen. Viele Zauberer drängte es, das Land der Illusionen zu suchen und seine Geheimnisse zu entdecken. Einer nach dem anderen machten die Kühnsten unter ihnen sich auf den Weg, um sich an den Neun Aufgaben zu versuchen, und einer nach dem anderen scheiterten sie. Bald gab es unter all den bekannten Zauberern kaum noch einen, der sich Tsaubalogas Herausforderung hätte stellen können. Ganz verzweifelt war Tsaubaloga schon. War denn niemand seines wunderbaren Mantels würdig?

Doch eines Tages bekam Wisper, ein vielversprechender junger Zauberer, Kunde von der Bekanntmachung. Er war gerade von einer jahrelangen Lehrzeit im Palast der Spiegel, hoch droben im eisigen Norden, zurückgekehrt. Ihm hatte zwar sein Meister schon von den Wundern im Land der Illusionen erzählt, doch von den Aufgaben, die Tsaubaloga gestellt hatte, hatte er bis dahin noch nichts gehört. Da geriet er ganz schön in Aufregung. Hier hatte er doch eine echte Chance, zu beweisen, daß er gut genug war, um ein richtiger Zauberer zu werden.

Er nahm seine Katze Blink unter den Arm und machte sich auf den Weg. Nach vielen Tagen und Nächten des Wanderns kam er an die Kreuzung der Parallelen Linien, wo er ein Wegschild fand.

Eine fröhliche Stimme rief ihm zu: »Herzlich willkommen. Dies ist der Weg zum Mantel der Illusion oder, wenn Du scheiterst, zum Käfig der Illusion. Aber, junger Herr, weißt Du denn, auf welche Gefahren Du Dich einläßt?«

»Weiß ich,« nickte Wisper nervös und sah sich nach allen Seiten um. Da plötzlich sah er in der verkrüppelten Kiefer vor sich ein Gesicht.

»Dann folge mir zu Tsaubalogas Erster Aufgabe,« knarzte der Baum, »und denk dran, je mehr Du schaust, desto mehr wirst Du sehen. Immer schaue zweimal hin, dann erfährst Du manchen Sinn.«

Ohne auch nur ein weiteres Wort schritt er davon über die Brücke, die ins Land der Illusionen führt. Wisper nahm seinen ganzen Mut zusammen und eilte ihm nach. Blink folgte ihm.

*1* *Finde den geheimen Eingang,*
*wo die halbe Vorderwand ist zugleich auch die Seite*
*und der Raum dazwischen von beträchtlicher Breite.*

Wisper holte tief Luft und marschierte schnurstracks durch eine Öffnung, die es wirklich gar nicht geben konnte. Und sogleich fand er einen Pfad, der ihn zu einem alten Häuschen führte. Hier gab ihm der Gärtner die Zweite Aufgabe zu lösen.

**2** *Zähl all die Katzen, die Tsaubaloga hat,*
*Dann klopf an die Türe, ratt-a-tat-tat.*

Katzen finden Katzen immer, und so hatte Blink diese Aufgabe im Null-Komma-Nu gelöst. Wisper klopfte an die Tür und rief laut die Lösungszahl. Langsam schwang die Tür auf. In atemlosem Staunen blickte Wisper auf die unglaubliche Stadt, die sich vor ihm ausbreitete.

Mit dieser Dritten Aufgabe begrüßte ihn ein fliegender Fisch.

**3** *Finde den Ort, wo zwei trifft drei,
wo drei Dächer sind, doch welche Tücke,
unter einem klafft nur eine Lücke.*

Wisper schluckte. Das ergab doch überhaupt keinen Sinn. Aber der Fisch nahm die zwei auf eine Stadtrundreise mit, und Wisper schaute wirklich überall zweimal hin, konnte aber nichts entdecken, wozu das Rätsel gepaßt hätte.

»Find' eine Wand, die keine ist,« riet ihm hilfreich der Fisch. Und dann sah Wisper die Antwort direkt vor seinen Augen.

»Gutgemacht, gutgemacht,« plapperte ein munterer Affe und hüpfte vor Freude, als Wisper und Blink eintraten. »Tsaubaloga wird sich freuen, daß Du es bis hier geschafft hast. Nun fahr mit dem Aufzug bis zur zigsten Etage; dort stößt Du mit der Nase auf ein herrschsüchtiges schwarzes Kaninchen. Dem übergibst Du dies.«

Damit reichte das Äffchen Wisper einen roten Umschlag und verschwand in einer Rauchwolke.

Wisper und Blink aber stiegen in den funkelnden Aufzug. Einen Knopf für die zigste Etage gab es nicht, also drückten sie den direkt unter »Unendlich« und sausten aufwärts.

»Wird aber auch Zeit,« grumpfelte das schwarze Kaninchen, als sie heraustraten. »Nun sag mir, was ist schneller als die Lichtgeschwindigkeit? Was ist nichts plus nichts? Und wenn es das Weltall nicht gäbe, was wäre dann an seiner Stelle?« Wisper hatte keine Ahnung, und so sagte er gar nichts.

»Völlig richtig,« rief das Kaninchen. Es schnappte sich den roten Umschlag und las kopfüber die Vierte Aufgabe vor.

*Sieh durch das Schlüsselloch, und gib acht, nicht zu fallen. Welcher Musikant ist der größte von allen?*

4

Wisper lugte durch das Schlüsselloch und betrachtete die sechs Musiker.

»Richtig!« strahlte das Kaninchen, als Wisper ihm die Antwort nannte. Wisper quetschte sich durch das Schlüsselloch und folgte den Musikanten den Flur hinab in eine Galerie voll von merkwürdigen Porträts.

»Jetzt kommt Deine Fünfte Aufgabe,« sagte eines der Porträts und blinzelte ihm zu.

**5** *In Gesichtern ist mehr, als das Auge erfährt,
schau von allen Seiten und mach nichts verkehrt.
Und sage mir dann, wo versteckt sich ein Pferd?*

Eins ums andere starrte Wisper die Porträts an. Und plötzlich sprang Blink mitten durch eines der Porträts hindurch und war verschwunden.

»Da ist es!« rief Wisper voller Aufregung. Und zu seiner größten Verblüffung kam eine behandschuhte Hand hervor und zog ihn direkt durch genau dasselbe Porträt hinaus.

Nun stand Wisper einem bärtigen Mann mit einem Helm gegenüber.

»Hast lange gebraucht, mich zu finden,« scherzte der. »Lauf über den Fluß und halte nach einem Hausierer Ausschau. Er hat die Lösung für die nächste Aufgabe.«

Mit klopfendem Herzen machte sich Wisper wieder auf den Weg. Nach gut einer Meile kam er an eine Brücke, und da lehnte eine Frau aus dem Fenster und reichte ihm einen Zettel mit der Sechsten Aufgabe und einen Schlüssel.

### 6

*Der Schlüssel paßt zu dem Ding, das ganz ohne Trick. Du wirst es schon finden mit ein wenig Geschick.*

»Zeig den Schlüssel dem Hausierer,« sagte sie, »befreie damit den Führer, der Dich zu Tsaubalogas Palast geleitet.«

Der Hausierer auf einem Hügel in der Ferne spitzte die Ohren, als er seinen Namen hörte. Mit einem Sprung und einem Hopser war er schon auf der Brücke.

»Guten Morgen, Guten Abend und Guten Nachmittag,« rappelte er. »Paßt dieser Schlüssel zu irgendetwas in Deinem Bauchladen?« fragte Wisper.

»Gewiß doch,« rief der Hausierer mit einem wissenden Augenzwinkern. »Aber gib acht, mein Freund – leicht täuscht sich das Auge.«

Lange kramte Wisper auf dem Verkaufsbrett des Hausierers, bis er dann etwas fand, wozu der Schlüssel paßte. Schnell schloß er auf und befreite den Führer, der ihn den langen Weg zu Tsaubalogas Palast geleitete. Doch da stand ein strenger Wächter vor dem Tor und verwehrte ihm den Eintritt.

»Halt!« rief er, »hier kommt niemand herein, ohne zuerst die Siebente Aufgabe zu lösen.«

## 7 Die Zinnentreppe geht einmal im Kreis.
## Doch ist unten das Ende oder oben, wer weiß?

Lange studierte Wisper die umlaufenden Treppenstufen auf dem Dach des Palastes, konnte aber kein Ende entdecken. Da merkte er, daß das wieder einer von Tsaubalogas Tricks war. Die Antwort war leicht.

»Gut gemacht,« sagte der Wächter. »Du darfst in den Palasthof gehen und Dich an der Achten Aufgabe versuchen.«

**8** ***Entdeckst Du Tsaubalogas General, bist Du wirklich gut.***
***Er ist der einzige mit einem grünen Blatt am Hut.***
Der Palasthof wimmelte von Soldaten mit spitzen Hüten auf dem Kopf.
Wisper wurde das Herz schwer, aber er konnte doch jetzt nicht aufgeben!
Er quetschte und fädelte sich durch die Menge, bis sein Blick endlich auf ein winziges grünes Blättchen fiel. Er hatte den General gefunden.

Jetzt gab es nichts mehr, dachte Wisper, was er nicht schaffen würde.
»Gib mir die Letzte Aufgabe,« sagte er übermütig zu dem General, »damit ich mir den Mantel der Illusion als mein rechtmäßiges Eigentum holen kann.«

Der General führte ihn Treppen hinab, über Decken hinweg, durch Brunnen hindurch und auf Türme hinauf, bis sie zur verschlossenen Tür von Tsaubalogas Thronsaal kamen. Der General räusperte sich.

**9** *Nachts breite ich mich über Stadt und Land;*
*Du kannst mich tragen wie ein Gewand.*
*Mit dem Degen geh ich Hand in Hand,*
*Bin die Quelle der Macht im Zauberland.*

»Tsaubalogas Letzte Aufgabe ist ein Rätsel,« sprach er feierlich. »Denk gut nach, bevor Du antwortest. Es ist die einmalige Chance Deines Lebens.«

Der General klopfte dreimal. Die Tür öffnete sich, und zwei Wächter führten Wisper vor Tsaubalogas Thron.

»Nun,« sagte Tsaubaloga und blickte auf ihn herab. »Wie heißt die Antwort?«

»Ist ja leicht,« sagte Wisper, überzeugt, daß der Mantel ihm schon gehörte. »Es ist ein **Hut**.«

Tödliche Stille folgte. Zornentbrannt starrte Tsaubaloga ihn an.

»**Falsch,**« donnerte er ihn an. »**Total falsch!** Ein *Hut*? Der *Hut* der Nacht? *Hut* und Degen? Der *Hut* der Illusion? Wie kann es ein *Hut* sein, um alles in der Welt? Die Antwort, Du Dummkopf, heißt **Mantel**!«

Ganz langsam erhob sich Tsaubaloga und zeigte mit einem langen, dünnen Finger auf Wisper. Zitternd vor Furcht spürte Wisper, wie die unsichtbaren Stangen des Käfigs der Illusion sich um ihn schlossen.

Hoch über ihm ragte Tsaubaloga, bebend vor Wut.

»Um Großmeister der Illusion zu sein, mußt Du stark sein bis zum Schluß, sonst zerkrümelt die Illusion zu Wirklichkeit. Ich hatte hohe Hoffnungen in Dich gesetzt, doch jetzt sind sie wie eine Seifenblase geplatzt.

Kläglich blickte Wisper auf Tsaubaloga und seinen schimmernden Mantel. Wenn er doch noch *eine* Chance hätte, nur eine einzige!

»Wie lange bist Du schon Zauberer?« fragte Tsaubaloga.

»Eigentlich noch gar nicht,« flüsterte Wisper. »Ich habe gerade erst meine Lehrzeit abgeschlossen.«

»So …« Langsam hellten sich Tsaubalogas Augen wieder auf. »Du bist noch nicht einmal ein richtiger Zauberer, und Du hast trotzdem geschafft, was alle anderen Zauberer nicht bewältigt haben. Also in dem Fall bin ich bereit, ausnahmsweise eine Ausnahme zu machen und Dir noch eine letzte Chance zu geben.«

Tsaubaloga klatschte in die Hände, und die Käfigstangen lösten sich in Luft auf.

»Beantworte mir diese Fragen – meine Zehnte und absolut Letzte Aufgabe,« verkündete Tsaubaloga und zeigte auf ein großes Banner, »und der Mantel der Illusion gehört Dir«.

Sorgfältig las Wisper die Fragen. Sie waren genauso unmöglich wie möglich. Tsaubaloga reichte ihm eine Aufzeichnung seiner bisherigen Reise, und Wisper brütete lange über jeder Seite. Als er völlig sicher war, daß er jede Antwort kannte, flüsterte er sie Tsaubaloga zu und trat dann zurück, und vor Spannung blieb ihm der Atem stehen.

# 10

*Wo fließt Wasser bergauf?*

*Welches der Porträts ist sowohl jung als auch alt?*

*Wo liegen meine zwei Wachhunde?*

*Wie viele Gesichter siehst Du in den Bildern der Porträtgalerie?*

*Wo bietet jemand ein Stück der tiefsten Nacht zum Verkauf?*

*Wo sieht ein grüner Riese zu den Sternen auf?*

*Wo siehst Du einen Reiter auf einem Pferd?*

*Geht der Palastkoch die Treppe rauf oder runter?*

Langsam, ganz langsam löste Tsaubaloga den Knoten seines glitzernden Mantels und legte ihn Wisper feierlich um die Schultern.

»Er ist Dein,« sagte er, »Du hast ihn Dir jetzt wirklich verdient.«

Mit stolzem Lächeln sah Wisper auf Blink, aber er sprach kein Wort, als er fühlte, wie sich das Gewicht des Mantels langsam auf seine jungen Schultern legte.

Inzwischen sind viele Jahre vergangen. Der große Wisper ist alt geworden, und auch er braucht jetzt einen Nachfolger. Also hat er seine Wächter ausgesandt, um überall eine Bekanntmachung auszuhängen:

### An alle Zauberer und Zauberlehrlinge

Wer auch immer die Fragen von Tsaubalogas Zehnter und Letzter Aufgabe beantworten kann <u>und</u> herausfindet, wo ich meinen Mantel der Illusion sicher aufbewahre, wird mein Nachfolger.

### Wirst Du es sein?

# Die Lösungen

**Aufgabe 1** (Seite 10)
Der geheime Eingang ist der, auf dem das Heupferdchen sitzt.

**Aufgabe 2** (Seite 11)
Fünfunddreißig Katzen sind zu finden.

**Aufgabe 3** (Seite 12)
Der Ort ist das goldfarbene Gebäude.

**Aufgabe 4** (Seite 14)
Alle Musiker sind genau gleich groß.

**Aufgabe 5** (Seite 16)
Auf den Kopf gestellt zeigt das Porträt mit dem bärtigen Mann ein Pferd.

**Aufgabe 6** (Seite 19)
Der Schlüssel paßt zum Vogelkäfig. Der Vogel ist der Führer.

**Aufgabe 7** (Seite 20)
Die Zinnentreppe hat weder Anfang noch Ende, entweder man geht immer hinauf oder immer hinunter.

**Aufgabe 8** (Seite 21)
Der General ist unterhalb der Fahne mit den rot-blau-grünen Schachteln.
Er hat das grüne Blättchen am Bommel seines Huts.

**Aufgabe 9** (Seite 25)
Die Lösung zum Rätsel des Generals lautet »Mantel«.

**Aufgabe 10** (Seite 29)
In der Mühle auf Seite 20 fließt das Wasser bergauf.
Das zugleich junge und alte Porträt ist unten links auf Seite 16.
Die zwei Wachhunde liegen auf Seite 4, unter den drei Bäumen links.
Die Bilder in der Porträtgalerie zeigen insgesamt 27 Gesichter.
Der Hausierer auf Seite 19 bietet ein Stück der tiefsten Nacht zum Verkauf an.
Der grüne Riese sieht auf Seite 9 zu den Sternen hinauf. Wenn man die Seite um 90° dreht, sieht man sein großes grünes Gesicht im Profil.
Roß und Reiter befinden sich auf der Fahne mitten auf Seite 23.
Der Palastkoch geht die Treppe rauf oder runter, je nachdem, wie man die Seite 25 dreht.
Den Mantel der Illusionen hat Wisper zur sicheren Aufbewahrung in den Sternenhimmel auf Seite 8 gehängt.